사진_ 박상철

손 창기

빨강 뒤에 오는 파랑

애지시선 086

빨강 뒤에 오는 파랑

2019년 11월 9일 초판 1쇄 발행
2020년 03월 9일 초판 2쇄 발행

지은이 손창기
펴낸이 윤영진
홍 보 한천규
펴낸곳 도서출판 애지
등록 제 2005-000005호
주소 34570 대전광역시 동구 대전천북로 12
전화 042 637 9942
팩스 042 635 9941
전자우편 ejiweb@hanmail.net

ISBN 978-89-92219-87-7 03810

* 이 책은 경상북도 지역문화예술활성화 지원사업의 보조금을 받았습니다.

애지시선 086

빨강 뒤에 오는 파랑

손창기 시집

□ 시인의 말

어머니의 키질에는 반어와 리듬이 숨어 있다
내가 겨우 반어를 이해할 즈음 어머니는 떠나셨다
곡식을 까부르듯 리듬을 타야 관계가 잘 돌아간다
자연은 저희대로 촘촘하고 어그러지지 않지만
사람 사이는 같은 느낌에 놓여 있어도
그 관계가 얼마나 엉성하고 허약한가
시와 나 사이는
우연에도 리듬이 깨지지 않기를 바란다

2019년 가을
손창기

차례

제2부

제3부

제4부

* 본문에서 〉는 '단락 공백 표시' 로 한 연이 새로 시작된다는 표시이다.

제1부

호랑이

주물 끼얹은 듯
불타오르는 단풍들
너희는 죽음에 이르는 고빗사위에
가을 호랑이를 빚어내려는가

잘게 썬 빛깔과 짙은 어둠을 우려낸
단풍들이 포효하려는가
익돌근이 만들어 놓은 큰 입처럼

발갛게 타는 노을, 불씨 한줌 넣어 반죽하려는가
몸을 옴나위할 수가 없다
널룽널룽 벗어버린 호랑이 가죽이 땅에
군데군데 늘어져 있다

저 연기들

고갯길에서 보이는 끈들
저 연기에 무언가 깃들어 있음이 틀림없다
시커멓게 그을린 벽은
딱딱하게 굳어진 슬픔이다
벗겨지지 않은 한 꺼풀의 껍질이
몰랑하고 터질 듯한 아픔을 감추고 있는
양철집, 검었던 영혼들이 펄럭인다

나무 등걸과 머리카락과 가마솥의 영혼이
밥 짓는 냄새에 뒤섞인 채
감나무 가지에 감겨든다
지상에서 검었던 연기가
허공에선 저렇게 붉은 것을,
겨우내 붉은 감이 떨어지지 않는 이유를
이제야 조금 알 것 같다

굴뚝을 빠져 나온 연기는

한껏 달구어진 눈물이다
저걸 담아낸다면 몇 드럼통이나 될까
내 몸에 지독한 불내가 나는 한
아직은, 슬픔이
검은 벽까지 찌르고 오지는 못할 게다

빨강 뒤에 오는 파랑

사냥꾼에게 동굴이란 그림사원寺院인지도 몰라
빛과 어둠이 만나는 순간,
바위벽에 손바닥을 대고
하늘의 노을빛을 끌어다가 찍었을 거야

동굴 떠나기 전, 손의 둘레를 그려
그대에게 보여주고 싶었는지 몰라
그대를 만져보고 싶어 손바닥만 남았는지 몰라

4만 년 전, 마로스 동굴은
바위벽이 편지였는지도 몰라
노을과 어스름이 만나는 순간, 파랑이 몰려올 때
박쥐가 동굴을 떠나 이 소식 전했을 거야

새벽녘 박쥐가 돌아올 때, 사냥꾼은
세상 밖으로 나아갔을 거야, 여전히 손바닥은
빨강색의 윤곽 안에 있으니,

전하고 싶은 말들 가두고 있었을 거야

누구든 기다리고 있을지 몰라
빨강 뒤에 오는 파랑을,
그대가 내 손바닥에 포개질 때
말들과 온기가 고스란히 합쳐지듯

전어 떼

미끈한 목질로 헤엄쳐 가는 흰 근육들
본다, 해질녘 격렬히 산란하는 나무를
떼를 지어 몰려와 여남 바다 끝자락에서
전어와 동시에 방사하는 이팝나무를
나무에서 물고기를 찾는 늙은 어부는
어스름 정겹게 핀 꽃차례가 뿌연 정액처럼 보인다
가슴 짜릿해지는 꽃구경이다
배 안에다 물을 채워 둔다
노인이 몸에 가득 채우고 싶은 건
오래전에 피어난 꽃 냄새란다
십 남매도 모자라 늦둥이 줄줄이 낳고 싶은 거란다
전어와 나무, 몸이 잇닿아 있는 동안은 출항이다
힘 다 쏟아내는 분분낙화, 회유하는 때가 온 거란다
노을빛 등지느러미 지닌 전어 떼,
어둠을 잠시 밀어낸다
나무에서 보랏빛 도는 알이 부화한다
태어나는 순간

생生 이전의 냄새를 등에 지고 다닌다

구름의 구간

구름 한 뭉치를 어머니는 절구통에 넣었다. 절구질에 구름이 가끔 튀어 오르기도 했다. 시간이 갈수록 구름은 곱게 빻아져, 자기끼리 뭉치고 헤어지곤 했다. 흙담을 드나드는 안개처럼 몸속에서 물기가 맴돌았다. 잘 빻아진 구름은 햇살과 함께 어머니의 물기를 빨아들였나. 구름이 허파를 점점 조여들게 하더니 어머니를 삼켰다. 부지깽이 두드리며 장작불을 지피자 굴뚝이 연기를 마구 뿜어냈다. 연기 품은 구름이 점점 부풀어 올라 어머니를 내놓았다. 깨를 볶듯 마당에서 물방울이 춤을 추었다. 몸속에 물기 맺힌 어머니가 식솔들에게 슬픔의 구간을 줄였다.

얼음이 운다

한파에 저수지 얼음이 울고 있다
얼음을 녹일 수 있는 건 눈물뿐
그녀는 여전히 고달프고 쓸쓸하다
하늘에 떠있는 눈물샘을 잡고, 그녀는
물과 공명이 되어 쩡쩡 울고 있다
얼음 숨구멍은 그녀의 아감딱지,
울음의 장단이 잘도 맞아 떨어진다
둥글게 모여드는 울음은 어떤 빛깔일까
나는 아감딱지에 손을 넣어 보기로 한다
눈물 자국에 발이 얼어붙은
한 마리 거위가 되고 만다
눈썹에 울컥덩 눈물이 맺혀
뜨거운 나는 그리운 얼굴을 더듬어 본다
그녀의 숨구멍이 어느새 제 얼굴을 지운다
애타게 말을 걸어 봐도 대답 없이
이미 찰랑대는 물

자전거

남도의 작은 섬에는
영원을 싣고 멈춘 자전거가 있다

섬을 중심에 두고 공전하다가
스스로 궁굴어 가는
뼈 같고 가죽 같고 이빨 같은 것이
썩지 않고 뒹구는, 낯익은 족속들

바퀴살에는 이슬이 스며있는 것 같고
공차는 아이들의 함성소리가 굴러가는 것 같고
말라가는 다시마와 돌미역의 짠내도 묻어있는 것 같고
회유하는 늙은 숭어의 비늘 하나쯤 감겨들었을 것 같고

몸이 죽음과 맞닿아 있는 한
늙은 숭어는 이 무덤을 지켜볼 것이다
마지막 사정射精을 하고
이 섬, 문을 열고 들어가

한 몇 세기쯤 지낼 무덤을 물색하고 있을 것이다

살을 발라내는 익숙한 침묵이
움푹한 구덩이에서 페달을 밟는다
봉분도 없이

콧등

시각장애인 우씨가
소 콧등을 만지면
울음과 웃음의 색깔이 만져진다
이십 년 어둔 세월만큼 감촉이 눈을 대신한다

코가 촉촉하고 땀이 나면
구멍 속으로 세상 공기를 삼키는 느낌도 세차
뿜어내는 빛살까지 만져진대나
손끝이 떠돌아다니는 구멍까지 찾을 수 있다
소와 사내 사이를 가로막는 격막膈膜은 없다
그 사이, 훙건한 점액질이 흘러내릴 뿐

구멍을 둘러싼 물기가 마를 땐
고뿔이 걸렸거나 병들어 있다는 징조
구멍과 구멍이 만나지 못하니
공기가 쓸려나가는 느낌을 받는대나
소의 고통이 사내의 눈 떨림으로 나타난다

〉

마디 굵고 주름진 손이
공기를 살려내어 햇살과 물기를 합쳐놓고
새 생명도 너끈히 받아낼 것이다
콧등에서 뻗친
보드레한 것이 꼬리 끝에서 만져진다면

헹가래

주둥이와 등으로
참돌고래 다섯이 하나를 물 위로 밀어 올린다
이렇게 죽음을
바다 위로 헹가래칠 수 있을까

눈감은 동료의 입과 목덜미, 등과 배를 매만지며
모든 얼굴들이 죽음의 둘레를 돌자
저장된 기억들이 소용돌이치고 만다

감포 바다가 입을 닫고
깔그랑한 수의를 깔아 놓는다
그들은 그 자리의 물이끼를 심장에 채운다

마지막 축제는 결국
물의 흐름에 몸 맡겨야 하는 것

그들은 알고 있는 것일까

빠져나간 비늘이 바닷가로 휩쓸리면
몽돌이 되고,
돌에 반사된 노을은
잠시 비늘을 껴입고 헤엄쳐가는 것을

밤비 신드롬

마루 밑, 흰둥이가 낳은 새끼 몇 마리
홀로 나온 강아지를
쓰다듬어 주니 온기에 눈을 감는다
손결에 누운 털이 일어나지 않는다

사람 냄새가 몸에 배어든 것인가
어미 개가 뿌려놓은 몸내를
내가 지워버린 것인가
어미 개는 다시는 새끼를 받아주지 않는다

애무에도 독한 치사량이 숨어 있다
죽음 불러들이는 애무를 함부로 해서는
안 되겠다, 아픈 눈빛으로
바라본 여인이 울음 터트릴 때
끝내 손 한번 잡아주지 못하는 이유를 알겠다

마음 감추는 것이 더 어려울 때

컴컴한 마루 밑으로 얼굴 들이밀고는
코를 킁킁거려본다
향기와 맛이 코끝에 매달려 있다
어둠에게 육신을 맡기니 냄새가
나를 더듬고 있다

소리가 핀다

1

젖은 흙이 고스란히
날아들어 제비집이 되었다고 할까
식솔들 입이 소리를 피운다

밥 달라고 고함친다
때늦게 벌리는 입일수록 소리가 크다

제비새끼들, 벌린 주둥이에 꽃이 핀다
배고픔이 꽃봉오릴 열었다 닫았다 한다
연분홍 꽃잎처럼 아가리가 붉다

2

소리가 피었다가 진다

새끼 한 마리, 봄날에 찾아온 흑사병 같다
닫힌 꽃잎은 누구도 열 수 없다
뱀의 소리도 뚫을 수 없을 것 같다

입 안이 식고 있는 중이다
끝내 날개 펴지 못하고,
거적더기에 돌돌 말려
지게에 실려 가는 새끼 한 마리

시든 지도 모르고
암술도 수술도 없이
남은 입들은 요란하게 꽃을 피운다

범종의 기원

범종에도 음향을 조절하는 혀가 있다

누군가 밖에서 당좌撞座를 얼얼하게 칠 때
종소리가 빠져 나가기 전
공명이 제자리를 휘돌아
속을 확― 까뒤집어 놓는 것,
소리가 금방 새어 나가지 않는 건
공기의 틈새를 여닫는 혀에 달려 있다

종의 입 속으로 손을 넣어 본다
혀가 위로 오목하게 만져진다,
혀가 짧은데 울림은 더 멀리 퍼져 나간다

그대 사랑한다고 마음껏 소리 지를 때
그대 사랑한다는 말 감추고 싶을 때
소리에 색깔이 묻어나고,
구슬프고 은은하게 그대의 눈에 보이려고

소리들이 몸에 새겨지는 곳

혀를 내밀어, 겹쳐진
두 음의 굴곡을 오래 간섭하는 일이여

개복치

죽도시장 어물전 입구
보름달 닮은 물고기 몇 마리 누워 있다
하도 이름을 묻는 이가 많아
'내 이름은 개복치' 라고 미리 써 놓았다

그는 최후까지 눈동자가 착하다
조물주가 눈에 흰점을 찍은 그대로
개광開光, 혹은 뇌를 넓히지 않아
바보끼리 보는 눈동자는 참 애틋하다

파리들은 죽은 것들의 눈을 파먹고 있다
표독스런 상어의 검은 눈동자든
몸에 따듯한 피가 흐르는 개복치든
죽음의 좌판 위에선 매한가지다
몸통은 사라지고
머리와 작은 눈만 살아 있다

개복치는 지상에서 자신의 상像마저 지운다

제2부

자목련

수탉들이 다리에 칼을 찬다
목을 빼고 볏을 세우는 순간
닭들이 칼집을 벗어 던진다
허공을 향한 난도질, 피가 마구 튄다

하나가 죽어야 끝나는 싸움
기어이 붉은 피를 봐야 자신이 살아 있음을 느끼는,
적수敵手보다 더 빠른 촉감을 가지기 위해
스스로 붉은 피를 바르는 사냥꾼

청갈 바람* 불기 전에

우수와 경칩 사이, 백태가 낀다
숭어도 내외간이 있는데
수컷이 마누라를, 마누라도 수컷을 몰라본다

공모共謀와 순수 사이, 어슬렁거릴 때
잡다한 생각의 아가미마저 삼켜버리는 백태
수컷이 옆집 마누라에게 마음껏 정자를 뿌린다

전부를 볼 수 없는데 전부가 보이는,
마지막 꿈틀거림이 봄 바다에 있다
지루한 눈짓이 싫어, 차라리 눈 떨다가 멀겠다

겨우내 몸에다 지방을 쌓듯
바라봄과 눈멂 사이, 불륜을 저장해 왔는지 모른다
수컷은 봄에 죽어도 봄인 줄 모른다

눈꺼풀 벗겨질 때, 당신 눈빛에 데일까봐

뻘에다 머리 들이밀고 파르르 떤다

숭어 눈 맑아질 때 청갈 바람 다시 불고
바다 속이 확 뒤집어진다,
봄 바다의 밑바닥까지 하얘진다

* 봄에 부는 세찬 남서풍으로, 물고기가 있다가 사라짐.

입을 따다

그대의 갈고리를 넣어 입을 따 보라

짠물이 빠지도록 간이 알맞도록
박달대게, 홍게의 입을 따 보라
사각의 찜통 안에서도
사지육신이 떨어지지 않고 바탕이 설 테니

쿠싱한 냄새를 끌어당기는 김살은
도드라진 모서리를 갉아 먹는다

배 한 척이 섬의 입을 따고 들어간다
배가 지나간 자리에 마블링이 끊어지지 않는다
저 섬은 곧 삶기고 있는 중
안개를 뿜어내며 섬은 둥글어진다

짠물이 몸에 가득하니 입을 따 보라
섬 안에다 쟁기를 댈 수 있을 테니

〉

어떤 이유든지 입을 닫지 마라
시퍼런 식칼로 객귀客鬼를 풀어낸 적 있어
사지 멀쩡하고 입에 밥알 들어간다

있을 테니

— 경주 남산의 신선암 마애보살반가상

천년 후 그대 오기를 기다리려면
편하게 유희좌遊戲坐*를 틀어야 한다

그대 올 때까지
그녀는 한 번도 노닐어 보지 못한다
옷 주름과 윤곽선에 기다림을 숨기고
영혼은 맑게 가다듬고 있다

노을 끌어당겨 바른 루즈, 그녀는
입술 사이에 구름을 살짝 깨문다
골짝 바람에 목소리를 맞춰야
오는 발소리까지 선명하게 들을 수 있다

그대 좋아하는 발바닥 무릎 위에 놓으니
그녀 발이 먼저 마중 나가고,
누구도 보여주지 않은 등을
좋아하는 이에게 보여줄 수 있을 테니

〉

숨을 처음 내쉴 때
꽃 받아줄 이가 온다면
참선은 광배처럼 오래 타오르는 것이다

* 결가부좌의 자세에서 한쪽다리를 풀어 대좌 밑으로 내린 자세

꽃게

거품을 내라고 거품을 내라고
어판장 입구, 게가 살아 있다고
고함지르고 배를 때린다
손으로 그림자를 던지기만 해도
손님들이 스쳐 지나가기만 해도
죽은 것들도 게 발 놀리듯 한다

아이들이 담장 주위로 몰려들었다
담장에 올라서는 아이도 있었다
아버지, 형의 가슴 한복판을 치고
나는 팔다리를 잡고 마구 흔들었다
입만 벌린 채 거품만 내뿜고 있었다
까뒤집힌 눈동자 손으로 쓸어 내렸다
몰려왔던 비린내 빠져 나갔다

사랑

사랑한다는 건
벌새처럼 거미줄을 훔치는 것
점액질 그물에 걸려드는지도 모른 채
그리움의 한 줄을 찾으러 가는 것

1분에 6000번의 횟수로
심장 속에 벌새의 날갯짓을
새겨 넣는 것

그대가 비워둔 마음 한 줄에
한 가닥의 실을 얻어
겨우
자신의 둥지를 꿰매는 것

때로는 그 한 줄도 얻지 못해
끈적이는 거미줄에 걸려
몸이 다 빨아 먹힌 줄도 모르는 것

이슬이라는 시간

"아주 위험하죠. 그러니까 이제 텅 빈 공간에는 이래 쳐다보고 감각으로 그냥 우리 광산 댕기는 사람들은 점심 먹을 시간에 이래 보면은 쥐가 있다든지 그죠. 그러면 그 쥐를 보호하잖아요. 그러면 인제 어느 순간에 그 쥐가 막 내뺀다든지 이러면은 이슬이라는 게 옵니다."
(문경 석탄박물관)

이슬이라는 말,
천정에 탄가루가 조금씩 떨어질 경우
막장이 무너진다는 예감 같은 것
촉촉하고 위험스러운 이 말, 시간의 덫이라 할까

칠레광부 하나가
목숨 건지고 숨겨둔 사랑도 거둔 건
시간의 속도를 한순간에 맞추고,
혼란한 감각에서 찌릿한 쾌감을 얻을 줄 알았기 때문
조강지처와 정부情婦 사이에서

죽음까지 내걸어야 쾌감이 배가 되는 법
사랑도 이만큼은 되어야지

쉬운 사랑도 지금껏 안에서 숨 쉬고 있다
그러나 힘겨운 사랑은
'이슬' 이라는 말이 혀에 닿는 순간
눈이 내린다, 호흡이 가빠온다

위험한 이 시간을
서서히 지배할 줄 아는
사랑은 그렇게
자신의 죽음까지 익숙하게 만드는 법

착란錯亂

공원 잔디밭
청춘 남녀가 줄무늬 옷을 입고 지나간다
얼룩말 같다
서로의 숨결과 향기가
색깔에 맞으면 저렇게 어룽질 것이다

무늬와 민무늬 사이, 한 번쯤
늙은 하이에나가 되어 급소를 노려보지만,
숨근이 펄떡거릴 때마다
무늬가 부풀어 아주 큰 덩어리로 보인다
이미 초원에서 사랑을 진화시켜왔기에 저들은
우리 시야를 흐리게 만든다

흔한 빛깔을 지녔다면
언덕으로 몰아가 아랫도리 세우지 못했을 것
뗄 수 없는 줄이 있기에 누군가
저 틈바구니에서 미각을 잃고 말 것이다

〉

얼룩말처럼 지워지지 않는
몸의 바코드, 혹은 영혼
별들도 얼룩져 있기에
제각기 제 자리를 채우고 있는 것을

저 별들이 지상에 내려와
발자국을 찍어 놓은 것이 사랑의 무늬라면
찢어지고 끊어지는 그 지점이
바로 급소일 것, 물어뜯는 순간까지
어슬렁대며 심장에다 점박이를 새겨 넣는다

중독

내가 툭하면 배를 불리는 것은
겁이 많기 때문
독이 없을 땐 가시로 부풀어 오르지
알고 보면 겉은 볼품없지만 속은 여리므로
바다에서 돌고래는 나를 먼저 좋아하고
나는 환각에 빠진 돌고래를 가지고 놀기도 하지
이젠 조금 식상해
서로 사랑에 중독되는 것은 치명적이야
물불 가리지 않는 저돌적인 고양이가 좋아
볼에 바람을 가득 넣은 얼굴,
배를 줄이고 육지의 고양이를 좋아하기로 했어
고양이는 늘 방파제에서 잽싸게 낚아채지
낚싯줄에서 떨어진 넙치를, 고등어를, 우럭을
고양이가 떨어진 나를 보자 냅다 도망쳤어
나의 얼굴은 독이 고여 있는 샘이라고
불룩한 배가 독의 냄새를 풍기고 있다고

고양이는 낚시꾼의 장딴지를 낚아채려 하겠지
장딴지의 다른 말이 어복魚腹이니까
펍, 나는 장딴지가 없어
작은 지느러미뿐

이맘때 나는

육 년 전 이맘때 나는 죽었다
먼지가 정지된 날짜를 기록하고 있었다
죽기 전, 나는 고독의 면역력을 길렀기에
슬픔의 면역력도 생겼다고 생각했다

나는 바랬다
누군가 고소한 죽음의 냄새를 맡아주길
그런데,
공기는 살을 발라내 환풍기 밖으로 밀어냈고
공기가 녹일 수 없는 건 뼈였으므로
짠물 속으로 녹아든 느낌,
잠수하는 동안 모든 감각을 놓쳐버린 느낌

내 흰 몸이 수족관 안에 엎드려 있었던 탓일까
냄새는 물에 배어들지 않았다
한 마리 넙치같이
뼈만으로도 바다를 헤엄쳐 나갈 수 있으리라는

착각, 같은 흰 빛깔에 젖어 있는지 몰랐다

뜰채에 건져지듯,
유품업체는 뼈 추리고 냄새 없애는 데 주력했다
찌든 도시의 공기도 냄새를 희석시켜 주었다

잡동사니에 섞인 내 얼굴이 얼룩졌다
자전거 바퀴 소리와
거기에 감겨드는 아가미 햇살들이,

세족례

육절기가 돌아가는 정육점 그 여자
발목만 남은 생을 향해 세족례를 올린다

발톱이 매니큐어 바른 것처럼 붉다
면도칼로 털 깎고 발가락을 곱게 단장하는,
족과 발을 메이크업 하는 그 여자

발은 몸이 가진 춤
발레리나 발처럼 최고의 리듬
자, 미끈한 발을 내밀어 봐
누가 진흙탕으로 굴러다닌 발이라 하겠나

발가락을 늘리고 근육을 누르는 마사지
울타리 맴돌던 발자국까지
말끔히 쓰다듬다 보면
정강이뼈가 기타 줄로 튕겨질 것 같다

비루함이 아름다움으로 바뀌는 순간,
들큼한 색깔로 절여지면서
뼈 사이 음표가 나오고 발끝은 리듬을 탄다
미녀들도 그대 발가락을 빨 것이다

머리카락 떨어지는 시간

집안의 공기가 가윘날 벼려
떡갈잎고무나무의 잎을 잘라낸 것인가

이제 막 떨켜를 놓는 순간
아내의 머리카락 한 올이 떨어진다
이제 몸이 나무가 된 것처럼
하나의 머리 올이 떨어지는 걸 느끼는 중년
손빗으로 머리카락을 쓸어내리다
모공毛孔을, 아니 모공母孔을 만난다

슬픔은 가파른 수직에서 내려오고 있다
머리카락 한 올이 빠질 때마다
잎사귀들이 남김없이 떨어질 때마다
저렇게 멍하니 고개를 옆으로 돌리며 서 있으리

하늘에서 빳빳한 광선이 내려 쪼이고
물기 빠져나간 화분에다

물을 끼얹는 순간,

머리카락이 솟구쳐 천장을 뚫고 뻗어 오르리

앉은뱅이재봉틀

소리의
도미노,
감꽃이 떨어진다

나무가 감꽃 따서 던진 건 아닐 터
보이지 않는 손이 꽃을 밀어낸 것이다
가지 속에 들어있는 앉은뱅이재봉틀

어머니 한복 만들 때, 꼭 감꽃이 떨어졌다

친구는 감꽃 주우러 가자 했지만
재봉틀 돌아갈 때
천을 꽉 잡아 당겨줘야 했는데
천을 당겨야 촘촘히 박음질이 되었는데

겨우내 한 목숨을 괴고 있던 꽃손이,
한 목숨을 허공에 뜨게 한 손잡이가

바람을 휘젓는다 드르르— 다르르—
꽃받침을 돌리는 것이다

소용돌이치며 떨어지는 감꽃에
마지막 인두질한 흔적이
아직 반질반질하다

첫줄

소나무와 소나무 사이 긴 거미줄
저 첫줄을 어떻게 놓았을까

붉은 등대가 흰 등대로 던지는 불꽃도
무당거미가 불 밝히는 거미줄 같다는 생각

근거리에서 보면 끈끈한 점성,
멀어질수록 번개의 시선으로 잡아맨다
건너편까지 몸을 던지려면 뒷심이 있어야지

헤드라이트가 거미의 꼬리인지도 모른다
불이 회전할 때 꽁지에 힘을 주고,
슬픈 눈빛을 보이지 않기 위해
꽁무니에서 빛을 쏘아 보내는 거다

그리움의 자장이 너무 길다
떨림이 클수록 중간쯤에 둥우리를 튼다

제3부

단백질14-3-3

태반 속부터 나는 복제되어 있는 동물이다. 달려오는 승용차를 향해 반인반수의 몸을 던지고 싶을 때가 있다. 세포자살을 유도하는 유전자, 단백질 14-3-3을 통제할 수 없는 순간이 있다. 여름 들판의 바람까지 복제되었다고 느꼈을 때, 늑대 스널프*는 야성까지 복제된 완벽한 방어기제, 빳빳한 창살 속에서 추억이 흐려진다면 자살본능은 흘려버린 추억을 담는 것, 잃어버린 길에서 선율을 찾아보는 것, 마지막 울음소리로 달에 숨구멍을 내는 것, 늑대는 달밤을 이빨에 끼우고 들판을 내질렀다. 얼굴에 드리운 죽음은 뼈 없는 달밤에 가한 혁명, 암호의 해독기

도시의 복제 동물에게 퍼져있는 14-3-3 단백질, 너와 나의 몸속에 은밀하게 봉합된 맹독

* 2005년 서울대 연구팀이 탄생시킨 세계 최초의 복제 늑대

천수관음무千手觀音舞

춤을 알기 전 소리를 먼저 들어야 했다
소리 없는 북의 진동을

듣지 못하는 왕이메이*는 소리를 본다
스테레오에서 각기 다른 노래가
빛깔과 더불어 적셔오는 걸까
저 빛깔이 노래한다고 받아들이는 걸까
몸속에 온갖 꽃물이 물들여져 온다
소리는 공기와 물 사이에 놓여 있는 셈이다
소리의 물줄기를 맞는 순간,
그녀의 몸이 화르르 꽃으로 피어난다

춤은 노래를 표현할 또 하나의 언어
진동과 리듬을 지닌 그녀, 춤의 영혼이다

무용과 음악을 한곳에 모을 수 있는 건
심장의 속삭임,

심장을 앞사람 등에 포갠 채 그녀는
고요와 격렬한 고동소리로 천수관음을 일군다
마흔두 개의 손을 펼치고 거두는 동안
바다를 들여 놓은 듯 파도가 인다
객석마저 바다의 체 속으로 잠겨든다
관대한 고통들이 한꺼번에 씻겨나간다

* 중국 장애인예술단에 입단한 청각 장애인

고래의 후예

발끝으로 춤추는 발레리나를 보거나
피아노 연주하는 류웨이*의 발가락을 보면
애초에 두 발은 지느러미가 아니었을까
고래들이 한번 부른 노래는 오래 헤어졌다
다시 만나도 같은 노래이듯
그가 부르는 You' re Beautiful도
피아노가 내는 가장 낮은 옥타브에서 비롯된 것
두 팔 잃고도 발가락으로 건반 위를
유영하며 객석을 향해 물방울 날리는,
그가 던진 교신 거리는 일만 오천 킬로미터
희한하게도, 긴수염고래가 던진 20헤르츠 소리와
피아노가 내는 한 옥타브의 소리가
심장 고동소리에 딱 들어맞는 순간
누구나 한 번쯤 노래를 흥얼거리게 된다
내게 오는 그 먼 거리를 생각할 즈음
몸이 오싹한 전율을 타고 솜털은 빳빳해진다
어라, 온갖 털이 물의 흐름 따라 방향을 틀고 있다

등 뒤에 남은 털의 결이
코를 닫고 지느러미를 요동치게 한다
코를 여닫는 수중 동물은 조상이 고래여서
소음의 빙붕氷棚을 뛰어 넘어
풍덩, 소리 바다 속으로 잠수하기도 한다
노래의 공중부양!
노래가 인간을 들어 올려 숨을 내뿜게 한다

* 중국 베이징 출신으로 중국달인수(中國達人秀, chaina' s got talent)의 첫 우승자

구멍들

얼어붙은 바다가 자꾸 구멍을 닫고 있다

숨구멍을 뚫을 수 없다면
얼음 아래서 죽을지도 모르므로
바다표범은 송곳니를 얼음구멍 가장자리에 꽂는다
육중한 머리를 프로펠러처럼 쉼 없이 회전시킨다
사방으로 얼음 파편이 휘날리고
알루*로 들어가기만 하면 몸은 부드러워질 텐데,
물속에서도 얼음 위로 스치는 바람과
얼음을 잘 통과하는 햇살을 느낄 줄 알아야 한다
해빙海氷 두께가 얇은 곳을 볼 줄 알아야 한다
이빨 빠지는 그는 닫히려는 구멍의 수호자가 된다
지상에서 바다로, 바다에서 지상으로
그의 가쁜 숨들이 얼음을 깨뜨리고 있다

얼어붙은 바다가 한사코 숨구멍을 틀어막고 있다

* Allu: 바다표범들이 얼음 표면에 뚫어놓는 구멍을
가리키는 에스키모어

행성, 글리제 581g

지구에서 20광년 떨어진 천칭자리의 적색왜성,
해가 진 후 잠깐만 볼 수 있다
작고 스스로 빛을 내지 못해서

그대가 궁금해질 때 하나의 별빛으로 찾아간다
170억 개 지구형 행성 중에 하나를,
글리제 항성계에서 너무 멀지도
가깝지도 않은 골디락스 존은, 그대 주위에서
사랑하기에 적절한 영역이므로
오래 헤맨 시간이 아깝지 않다

사랑의 호기심은 큰 인력으로 작용하고
우주의 내벽엔 시꺼먼 연기 자국이 진하다
그런데 그대를 이해할수록 닮아 가는,
춥지도 뜨겁지도 않은 아주 적당한 온도의 사랑

글리제의 회전속도가 줄지 않고 공전주기도 늘지 않아

오래 사랑할 수 있을 테지, 달의 뒷면처럼
내 등짝엔 크레이터들이 보이지 않는다

모든 행성이 한 방울 눈물을 위한 것이라면
내가 행성의 궤도를 도는 것은 단 하룻밤이어도 좋을
눈빛, 행성처럼
그대 주위를 돌다보면 별자리까지 흔들리므로
별빛이 그대가 어디 있는지 환히 밝혀준다
눈물에 더 맑아지는 눈빛이 보인다

다이빙 로드diving rod

나무가 풍경 밖으로 던지는
시각적 운율에서 눈이 멈춰버렸다
거기서 물 냄새가 났다

아프리카 스와질란드에서 물을 찾는 건
가시나무 가지를 새발자국 모양새로 다듬는 것
줄기는 땅과 소통한 열을 고스란히 간직하고 있는데
원주민의 발이 수맥을 밟으면
가지 앞부분이 수직 하강한다
이때, 움켜진 두 손이
나무와 몸에 길든 리듬을 타고 있기 때문
새가 습지에 착지하는 순간처럼
물렁한 물기가 발뒤꿈치를 끌어당기기 때문

나무는 몸의 일부가 떨어져 나간 것일 뿐
가지가 뻗는 방향으로 물이 뻗친다
잎 뒤에 바람과 짙은 달빛을 깊숙이 가둔다

하늘 땅과 평형을 이루던 나무의 몸이
공기와 구름 사이를 갈라놓은 울타리에
다리를 놓는다
비를 불러들이고 천둥치게 하는
거대한 가지가 검은 구름에 걸려 있다
여름 하늘, 구름을 할퀴는 자잘한 뿌리의 힘이
긴 가지를 끌어당긴다

탑 액터top actor

몸뚱이를 버린 나는
진짜 감정을 감추는 연기를 해야만 했다
자신마저 숨기는 쓸모 있는 습관들이었다

처음 서투른 연기에
입엔 재갈이 물리고 눈엔 이쑤시개가 꽂히곤 했다
미소를 어떻게 짓는지 감독하는 주인을 위해
강요된 감각을 유지하기 위해
감정 노동을 해야만 했다

가끔 쫄깃한 비린내가 길을 내고
본능이 냉장고 안에서 발동하곤 했다
핏물이 흘러가기 전,
내가 쏟아낸 것이 진정한 시詩였는지 몰라

잘 훈련된 감정으로 진열대에 오를 때에도
플라스틱으로 된 스마일마스크가 감독했다

그들을 감정의 모형이라 불렀지
감정과 표현이 서로 딱 맞는 경지에 이르자
고사용 돼지머리로 팔려 나갔다

내게 절하는 인간들에게 윙크를 던지자
입에는 돈 봉투가 수북, 이제
인간의 감정까지 조절하는 경지에 이른
나는 타고난 베스트셀러 작가임에 틀림없다

하닥*

역에서 어미는 군대 가는 아들에게
목도리를 감아준다
미리 향기를 불러오는 색깔, 파랑이다

먼 길은 끝없이 펼쳐진 사막
그 끝에는 바다가 있고, 길에서 낙타는 배가 된다

쌍봉낙타는 제 혹에
낮에는 남은 음식을, 밤에는 달빛을 저장한다
그걸 밤바다에 뿌리며 길을 잡는다

해질 무렵 녹색광선을 받는 낡은 천
어미의 염원이 묶여져 있는
늑한 빛깔, 목도리는 향기를 갖고 있다
그 배가 돌아오면 향기는 돌아오고
어미는 자신의 눈물 속에다 배를 정박시킨다
〉

늙고 흰 낙타가 되어도, 해마다

파도쳐 거품 걸러내고 하닥을 갈아준다

* 신에게 바쳤던 '파란 천' 으로 낙타의 목에 걸어 줌.

전갈

진동만으로 페르몬을 느낄 수 있다니,

그저 침묵에 익숙해지도록
배에다 심장을 길게 새겨놓았기 때문이겠지
빗살 같은 복부로
흘러가는 모래의 리듬을 탈 줄 알고
진동수를 잘 걸러낼 수 있기 때문이겠지

사랑할 사람이 누군지 잘 모를 때,
몸에 있는 진동과 흘려주는 진동수가
더 격렬하다, 최초의 반완蟠蜿 혹은 떨기

정작 그대가 보내는 주파수가 높아질 때
모래는 난류亂流를 일으키다가
발소리마저 빨아들인다

내 몸에 배어있던 물기 다 빠져 나가고

찌름 장치의 기부엔 독샘이 생긴다
기어이 독침이
그대의 목구멍을 찌르고 말 것이다
침묵이 빠져나가고 울림조차 사라질 때는

냄새 지도

아프리카산 일년생 코끼리들,
그들은 침묵을 코로 빨아들일 줄 알아요
뼈와 엄니를 어루만지는 긴 코에는
용광로가 있어 숨 쉴 때마다 공기를 가열하나 봐요
그들은 흙을 긁어내고 땅을 파서
무덤의 안쪽을 다져요
침묵을 구덩이에 채우고 다지는데
말들의 물결무늬가 생겨나요
이 부드러운 무늬는 코끼리 1세대의 몰살에서
생겨난 버릇, 죽음에 관한 냄새 지도 같은 것

아버지와 내가 묻어둔 형님의 뼈를 찾아
수풀을 헤맨 적 있지요
일찍 죽은 것들 모두 가시로 뻗어나서
온전한 뼈조차 냄새의 인계선이 끊어졌어요
고요하고 검은 그늘이 내게 맞서고,
침묵이 너무 팽팽히 지키고 있어

나는 들어갈 수가 없어요
어둠이 부려놓은 딱딱한 공기에
내 심장까지 바싹 말라 비틀어졌어요

죽음이 비늘가루로 묻어온다

나비 날개를 만지지 마라
내 지문의 결을 따라
죽음의 색깔이 묻어온다

어느 고층 아파트에서
새파란 비늘가루가 떨어지고
날개는 균형을 놓치고 소용돌이친다
제 색깔대로 놔둘 걸, 성급하게
물감을 뽑아내려고 애쓸수록
영롱한 색깔 다 빠져 나가고
손에는 죽음의 지분만 묻어난다

수천 번 날갯짓할 동안
날개 중심을 잡아주고
제 무늬를 만들어 주는 가루들,
사방연속으로 이어지는 가느다란 물결선들이
서로에게 꽃으로 피어나는 순간이다

〉

기왓장 포개듯 지분이 쌓일 때
날개의 눈동자와 내 눈동자를 잇는 선이
촘촘한 연모軟毛로 가득해질 때,
나비 날갯짓 한 번에 폭풍 일어나고
대륙의 물줄기를 바꿀 수도 있을 것이다

어둑해지는 하늘이
서늘하고 흐릿한 비늘을 턴다

발등

나무가 흰제비갈매기를 불러 모은다
열매와 둥지를 내어 줄 때
피소니아 나무가 팔 벌려 새들을 길들인다
도꼬마리처럼 끈적한 씨앗들이 깃털에 묻어
가끔 발바닥이 나뭇가지에 붙어 있다
새를 잡아먹는 나무!
가지엔 햇살과 지난여름, 죽음과 갈매기들
어미새는 몸까지 딱딱하게 굳어 입멸한다
날개는 다리를 달래고,
다리는 발등을 달래는 새
침묵이 깃든
새의 가슴뼈가 나무의 발등에 스며든다
여린 발등에서 곧추 올라
점점 새의 뼈를 닮아가는 나무들,
끊임없이 죽음을 건네주면서
그들은 날개 달고 이 섬을 떠나고 싶은 걸까
이제 새가 열매로 태어나 날고 있다

켈트kelt

돌멩이 사이에 알을 낳은 연어는
죽어서도 아름다운 퇴행을 한다
제 살 찢어발기며 나무로 가는 마지막 길,
어미는 죽어서 나뭇가지가 된다

연어의 살과 뼈로 영양을 받은 나뭇가지는
스스로 썩어서 강으로 떨어진다
가맣게 강에 떨어지는 살덩이들,
물 속 삭정이는 새끼 연어의 어머니다

물고기는 바로 나무가 길러주는
자식이다, 물 속 나무 그늘에서
숨어 지내고 물의 소용돌이 속에서
바다까지 나아가라고 정류장이 되어주는

제4부

가야금 소리

뼈다귀 틈새마다 가야금 소리가 난다
아비 가슴에 포개 누운 채
순장된 여덟 살 딸아이는
죽음이라는 짐승이 석문 두드릴 때
어떻게 두려움을 견디어 낼 수 있었을까
누구나 선량하다고 여기는 죽음 앞에서
아비는 아이의 심장을 꼭 껴안고
가야금 한 곡조로
무서운 침묵을 뱉어냈을 듯
뼈에 가야금 소리가 아직 묻어 있다
한 줄기 음악을 흥얼거리면
무수한 바람이 심장에 맞춰 고동친다
한 줌 태양과 연꽃 씨앗을 손에 쥐고
구름 타며 뛰노는 꿈을 꾸었을 소녀야,
너는 죽어서 살아나는 황금 나라를 그리렴
영혼이 새처럼 빛나는
네 연꽃마저 가장 가고 싶어 하는 그곳을

어슬녘 귓바퀴가 젖어야

쓸데없는 소리들은 집이 다 잡아먹는다

맑은 어둠이 내릴 때 집은
큰 범종을 걸어 놓는 걸까, 음관音管이 생긴다
소리의 혀를 내밀어 잡음을 걸러내고
소용돌이치는 공기까지 슬몃슬몃 가라앉힌다

어스름이 냄새와 빛깔까지 잠시 붙잡아둔다
순간, 귀에 익은 소리들
아이들 공차는 소리, 마지막 풀벌레 소리

맑은 소리만 잡아두었다가 내뱉는가
혀가 짧은데 더 멀리 퍼져 나간다
소리에 끌려가는 시간
어릴 적 저녁밥 먹으라는 어머니 소리가,
먼 들판에서 놀아도 흑백사진처럼 들린다
〉

이미 달을 갖고 싶어 하는 시간이므로
돌담집이나 동해 바다나,
달빛 스미는 돌의 외침까지 품고 있는 게다

먼저 귓바퀴가 젖어야
달빛이 물로 변하는 소리까지 또렷이 들을 게다

키질

어머니가 하는 말은
키질로 피어나서 먼지가 일렁이고
헛간의 어둠 속으로 숨는다
도무지 흐릿하여 걸어놓은 망태기처럼
걸러낼 수가 없다

바쁜데 왜 내려 왔느냐!
자식 키우느라 돈 없는데 에미 줄 돈 어디 있냐!
비싼 괴기는 뭣하러 사왔느냐!

그런데,
쇠절구에 깨를 빻으면서 엉덩이를
들썩인다, 프라이팬에선 햇살이 볶인다
달궈진 마당은
쏟아붓는 소나기를 마구 튕긴다

곡식을 까부르는 팔과 다리는 리듬을 탄다

몸 전체가 내는 언어의 표정이랄까
날려가는 검불은 어머니 말씀,
키 속의 알곡은 숨은 뜻
그 사이 팽팽히 줄을 당겨놓을 줄 아는

깃털 하나가

깃털로 개미누에를 쓸어내린다
알에서 갓 깨어난 불안을 보듬는다

손끝과 알몸을 이어주는 깃털 하나,
보듬을 때 손가락 힘과 동작이 일정하다
손끝에 온기의 말을 걸기 때문이다
이리저리 뒹굴던 어린 옆구리에도
가장 오래된 숨결이 숨어 있을 것이다

새벽부터 동틀 때까지
개미누에가 마주했던 어둠이,
손끝 느낌이 깃가지에 가 닿은 그 어둠이
칠일 지나 애기잠을 잘 때까지
누에의 몸을 메운 것이다
잠자리를 같이 한 내 몸에도
뽕잎 뜯어먹는 소리 배어 있을 것이다
〉

네 번 잠자면
누렇게 부드러운 실이 목까지 차오른다
섶으로 들어서자 우리 집이 커지고
잠실 지붕은 날개를 펼친다
저 깃털 하나가
알을 부화시키고 날개 돋치게 할 것이다

쪽배

나무에서 떨어지는 순간
꼬리에 뾰족한 노櫓를 달기로 했어
빛과 공기를 잘 포착해야 배가 될 수 있어
방향 전환이 안 돼, 아직 항해할 수는 없어

나무에 매달려있을 때 리듬과는 좀 다르지
노 젓는 운율이 필요한 나는
물에 부딪치는 촉감을 익히기로 했지

바다 속으로 떨어지는 한 방울 빗물처럼
노 저으며 박자를 맞추고 있는 중이야

엘리베이터 타고 따라갈 수 있고
침묵을 지키는 그대라면,
오히려 길을 잃기에 섬까지 따라갈 수 있어

파도 가슴에 박자를 맞춰 온

섬은 이미 음악이고,
노는 어느새 폼 나는 지느러미가 되어
이제 노를 잃어도 떠날 수 있겠지

무리베짜는새

구멍들 죄다 엮어 놓아
하나의 지붕 아래 사는 새가 있다
둥시렇게 큰 둥우리는
피가 흐르는 나무에게만 깃들 수 있다

나무껍질의 틈과 억센 가지가
지푸라기 하나에 틈새 내주는 곳,
구멍에 박힌 별들의 따듯한 속삭임과
세貰 든 앵무새와 대일홍조의 종알거림
낯선 족속들이 먼저 길 내며 지붕을 트는 곳

부산 감천마을에 가면
둥우리 나뭇가지를 뒤덮고 있듯
사람 얼굴을 한 새가 되어야
뜨겁고 꽉 끼일 것 같은 제 길들 드러낸다

벗어나고픈 여문 씨앗일 때가 있었다

한때, 깃들었던 자취방은 부유하는 무덤 같았다
뿌리 없는 부리는 밀어 넣을 틈새조차 없었다

수액을 받아먹고 살아야
집은 심장 갖추고 혈관이 흐르고 체온을 지닌다
판잣집 부엌의 작은 창으로 서로 부리를 비빌 때
밥그릇만 오고간 게 아니었을 것이다

이웃집과 통하는 어떤 통로도 없는
도시 사막에서 온
나는 온통 지붕뿐인 영구永久 그늘에서 잠시 쉰다

장독의 귀를 만져본다

같은 모습으로
오래 흘러가면 더 잘 스며드는 걸까
간장을 퍼 담는 어머니의 모습이
둥글납작 항아리 같다

독은 제 키대로 대지의 주름을 수놓고 있다
세월의 한 자락을 우려낸 듯 속이 환하다
그 빛깔이 노쇠한 몸의 그림자를
떼어낸다, 그림자는 새가 되어 날아간다

숨구멍으로 햇살과 공기가 제집처럼
드나들고, 빗방울은 거기서 튕겨져 나간다
독은 죽음 안에서 점점 익어가고
몇 천 년의 시간을 휘감고 있는지도 모른다

이제 들어가도 되느냐고
장독에게 물어보는

어머니는 자꾸 귀를 만져본다

맞붙어 있는 작은 독은
아직 발굴되지 않은 어린 형의 무덤일 것
둔박하게 다듬어진 돌 위,
장독들은 죽음을 이겨낸 가족묘처럼
천 년 뒤에 발굴될 것이다

옷 한 벌

그 메마른 언덕에 걸려 있었다
보름달이 점점 능선을 잡아당기자
능선이 부풀어 올라 왕릉 같은 봉분이 되었다
보름달은 엉덩일 앉히려고 쌍봉을 만들어 놓았다
그렇게 어머니 무덤은 왕의 옆자리가 되었다

어머니는 신라 복식에 왕후의 관을 썼고
곡옥은 초승달처럼 잘 흔들렸다
천마총인 듯 말다래를 한 땀씩 깁는
바느질 솜씨는 여전했다, 말다래 속의 천마를 타고
하늘로 올라가는 꿈을 꾸면서 말이다
어머니는 백마를 타고 하늘로 올라갔다
부장품 틈에 섞인 곡옥이나 말다래의 수피가
마지막으로 남긴 유언이었다

잠에서 깨어나면 안 된다고
고함칠수록 얼굴은 점점 흐릿해졌다

어머니 방은
천장이 별자리 덮개돌로 덮인 듯하고,
못에는 빛바랜 옷 한 벌이 걸려 있었다

풍선의 기억*

가볍게 차오를 수 있어
늘 날개가 있다고 믿어왔다

나는 옛적의 풍선 기억으로 오른다
그런데 하늘에서 뭔가 떨어지는 느낌
모자가 떨어지고
신발이 떨어지고
뒤꿈치가 떨어지고
무릎이 떨어지고

헬륨가스 영혼이 빠져나가면
바닷가에 떨어진 풍선은 미끈한 돌이 되고
이게 풍선인 줄 모른 채
사람들은 그 돌로 물수제비를 뜨고

둥글고 매끈한 돌이 애초에 풍선이었기에
물을 타면서 잘 뛰어 넘는다

날지 못하는 순간, 다시 돌이 되고 만다

돌이 풍선인 줄 아는 사람은
시지프스처럼 마지막 봉우리까지 돌을 굴린다
자꾸 굴리다 보면
자신도 모르게 풍선이 제 손 안에 있다

살점이 떨어져 나가도
또 다시 풍선 끈에 매달려 있다
떨어진 살점은
아이들이 부는 거품 풍선이 될지도 모른다

* 화가 김미정, 캔버스에 유채 53×732(2019)

탁목啄木

나무는 그에게 대장간쯤 될까
도끼날을 갈 듯
죽은 나뭇가지에다 부리를 쪼아댄다
뚜루루루루룩, 뚜루루룩
소리를 내며 튀는 톱밥보라는 불꽃 같다

새의 몸집이 작을수록 소리가 맵다
나무는 구멍을 내주고
매운 소리까지 먹느라 화덕처럼 열에 들떠 있다
옹이에다 구멍 파는 건
서툴다는 징후다, 도끼를 내려치는 것처럼
나무의 굳고 무른 그 결을 잘 타야 한다
도끼의 이빨이, 새의 부리가
뭉텅해지고 날카로운 만곡점을 수없이 지나야
마음의 결을 탈 수 있다

수컷이 후보 나무에 작은 구멍을

몇 개 파놓고 그대를 기다린다
안쪽 벽에다 진흙을 다져 물길을 튼다
그대 마음에 든 구멍은
불에 닿아 있기에 잉태할 수 있겠다

쪼아댈수록 딱따구리는 편두통이 없어지고,
사랑의 충격 흡수장치가 견고해진다
새의 복부도 오동나무도
불을 감추고 있어 무늬와 빛깔이 새겨진다

운율

가마우지 깃털에 리듬을 달아주는 걸까
늙은 어부가 대나무배에서
어깨춤을 추고 노래 부르는 건,

소리 속에 영혼을 실어 나르는 것일까
천년 넘게 이어진 발구름이 강물에 새겨진다
리강, 물이 철벙철벙 길들여진다
물의 안무에 돌과 모래들까지 굴러간다

훌치기낚시처럼 걸려드는 음音이라고
어떤 이는 위세부리는 음들을 읽고 가나,
목줄도 노랫가락이면 가마우지를 섬기게 만들지
이 착한 새는 낚시질을 멈출 수가 없다

바람과 빛살 속에 장단이 숨어 있어
어부의 운율은 물속에서도 장전된다
〉

물고기 비늘까지 삼킨 가마우지
꽉 찬 식도가 서로의 입을 벌리게 하고
매여진 목줄이, 팽팽하던 음들이 느슨해진다

저들의 감각을 느끼지 못할까 봐
뭉쳐진 구름이 발을 구른다
강물이 먼저 수많은 귀를 열고 있다

하얀 괄호

속도가 정지된 아스팔트에 괄호 투성이다
열고 닫는 괄호 안에 날쌔게 움직이는 것들도 갇혀 있다
[ ]는 검은 스키드 마크를 싸잡아서 흰 페인트에 젖는다
[ ]는 괄호 치는 습관이 채워져 있다
불쑥 튀어 나오는 습관을 고무줄처럼 늘였다 줄였다
한다
[ ]는 모래 잔뜩 들어간 오토바이 헬멧을 안는다
날아가는 죽음의 비명소리까지 잡아챈다
[ ]는 뾰족한 초승달까지 구겨 넣고 보름달 만든다
[ ]는 아내의 우울증까지 닫고 변두리에 간신히 옮겨
놓는다
[ ]는 둥근 원이 쳐져 있고 모로 누워있는 나까지 가둔다
왜 갇혀 있는지 묻는 의문문도 [ ]에 들어간다
모든 걸 순식간에 가둘 수 있지만,
가둘 수 없는 건 어머니, 먼저 간 아들의 죽음일 것이다

혀

그녀의 혀는 손가락
세상 말들이
손으로 뻗으면 실 꾸러미로 감긴다

손가락에서 뽑아져 나오는 하얀 말을
그녀의 딸이 감고
남편이 딸의 말을 푸니
혀는 입 속에서 풀어져 나와
공기의 건반을 치고 원을 그리며 비상한다

말들이 소형차 안에서 웅웅거린다
밀폐된 공기들이 부딪친다
손가락이 공기 속으로 구멍을 파고드니
온갖 말들이 맞받는다
차체가 흔들거린다 휘청거리며 말길을 튼다
이제 차끼리 수화를 한다

미루나무가 수화를 한다

저들의 혀는 이파리

해설

시를 향해 나아가는 견자

— 손창기의 시 세계

이병철(시인, 문학평론가)

파블로 네루다는 "어느 날 시가 내게로 왔다"고 고백했다. 네루다의 고백이 아니더라도 우리는 보통 시가 '온다' 고 알고 있다. 시인들은 시가 오기를 기다리고, 마침내 번개처럼 빗방울처럼 시가 올 때 그것을 받아 적는다. 로르카가 이야기한 '두엔데' (duende)는 시를 배달해주는 귀신, 불현듯 번뜩이는 시적영감을 로르카는 두엔데라고 불렀고, 또 다른 누군가는 '뮤즈' 라고 호명했다. 두엔데와 뮤즈의 시대에 시는 마치 신의 계시와도 같아서, 거룩

한 땅에 신발을 벗고 정결한 마음으로 무릎 꿇은 이에게 오는 것이었다. 자기 영혼과 육신을 캄캄한 심연 속에 불꽃처럼 던져놓은 이에게 문이 열리는 구원이었다.

그러나 이제는 시가 오지 않는다. 아니, 정확히 말하자면 시가 너무 많이 와서 시는 오지 않는다. 시가 함부로 오고 마구 와서 시는 오지 않는다. 시가 언제나 어디에나 와서 시는 언제나 없고 어디에도 없다. 시인공화국의 시인들은 해변으로 밀려오는 얕은 파도에 발 담근 채 바다의 깊이를 노래한다. 오름직한 산 중턱에 소풍 가듯 올라 산꼭대기의 높이를 다 안다고 젠체한다. 서점에도, 방송에도, 인터넷과 SNS에도 시가 넘쳐난다. 그러나 시가 우글거리는 곳에 번개 같은 시, 느닷없는 빗방울 같은 시는 찾아볼 수 없다.

그러므로 이제 시는 오는 것이 아니라 '가는 것' 이다. 시를 찾아서 시인이 가야 하는 것이다. 그런데 시를 향해 "온몸으로 밀고 가는"(김수영) 시인은 드물다. 방구석에서, 대학 강의실에서, 문예창작 아카데미에서, 카페와 도서관에서 시를 기다린다. 그러면 오긴 온다. 고만고만한 시들이, 낚시로 치자면 피라미 따위 잡고기 같은 시들이 온다. 가장 크고 아름다운 물고기는 저 깊은 물속에서 움직이지 않는다. 그 깊이까지 숨을 참고 내려간 이에게만 붉은 아가미를 열어 자기 숨을 나눠준다. 그러니까 시는, 여전히 오는 것이다. 다만 멀고 험한 길을 헤치고 와 마침내 감추어진 신전을 찾아내 그 앞에 선 이에게만 온다. 누구에게나 오는 것은 시(時) 뿐이다. 시(詩)는 오직 두엔데와 뮤즈로부터 선택 받은 사람에게만 온다.

손창기의 새 시집이 반가운 이유는, 그가 시를 향해 묵묵히 나아가는 시인이기 때문이다. 마라토너처럼, 탐험가처럼, 북극제비갈매기처럼, 대양을 누비다 모천으로 회귀하는 연어처럼 손창기는 멈추지 않고 간다. 시에게 간다. 아무 시나 함부로 오지 않는 높은 벼랑으로 간다. 아무나 내려갈 수 없는 깊은 해저로 간다. 그리고 그곳에서 시가 오기를 기다린다. 그에게 시는 절벽에 붙은 석청이거나 심해 속 대왕조개가 품은 진주 같은 것이다. 어둠 속에서 피에 젖은 두 눈의 인광만 보여주는 호랑이 또는 너무 높이 날아 지상에서는 그림자밖에 볼 수 없는 새 같은 것이다. 그는 호랑이와 새가 오는 길목을 지키는 사냥꾼, 시집을 읽는 내내 시인을 수식할 여러 말들이 떠올랐다. '자연의 몽상가', '색채의 수집가', '리듬의 조율사' 같은 말들은 모두 손창기에게 어울린다. 그러다 이내 가장 단순하고 평범해서 아름다운 수사 하나를 생각해냈다. 발견자. 그는 온갖 의미와 상투적 관념으로 뒤덮인 이 세계에서 아직 누구도 찾아내지 못한 최초의 빛과 색과 소리와 냄새를 발견해내는 사람이다. 일상적 경험과 감수성으로는 볼 수 없는 '다른 세계의 풍경'을 그가 언어로 그려낼 때, 우리는 랭보가 말한 '견자(voyant)'의 현현을 마주하게 된다.

그러나 손창기의 시집을 읽으면서 느낀 반가움은 이내 슬픔으로 바뀐다. 사실 그는 잘 알려지지 않은 시인이다. 2003년에 등단해 포항에서 주로 활동하고 있는 이른바 '지방 시인'이다. 중심과 주목에서 벗어난 변방의 소외와 외로움을 오래 견뎌왔고, 앞으로도 그래야만 할 것이다. 독자들이여, 부디 이름을 가리고 시를 읽으라. 이름만큼 본질을 속이기에 쉬운 장치도 없다. 대형 출판사와 문학상과 평론가와 미디어를 믿지 말라. 시인에 대한 애호마저 유행가 또는 전염병처럼 도는 시대에서 분별없는 열광과 추종은 가짜 꿀과 모조 진주를 양산해낸다. 가짜와 모조가 열렬히 소비되는 동안 석청의 시, 천연진주의 시는 궤멸한다. 하지만 어쩌겠는가. 도리가 없다. 그저 눈 밝은 독자들에게 좋은 시들이 발견되어 읽히기를 바랄 뿐이다. '절대의 시'는 시인에게나 독자에게나 똑같이 이렇게 말한다. "구하라, 그리하면 찾을 것이다"라고. 손창기의 시도 언젠가는 반드시 그 진가를 알아보는 이들에 의해 합

당한 주목과 인정을 받게 될 것이다.

이번 시집에 나타난 손창기의 시 세계에는 몇 가지 특징이 있다. 첫째, 낯설고 새로운 자연의 상상력이다. 자연을 깊이 보고 또 널리 보는 미시와 거시의 시야가 활달한 상상력 속에 펼쳐진다. 그러므로 그를 자연의 몽상가라 부르는 것은 전혀 생경하지 않다. 둘째, 색채에 대한 유난한 감각과 호기심이다. 그는 색채의 수집가다. 빛의 변화에 따라 색을 바꾸는 자연과 사물을 묘사하며 그 내부의 주관과 상징, 감각의 구체성까지 그려내는 솜씨가 남다르다. 색채에 대한 예민한 감각은 후각과 청각, 촉각과도 상호작용하는데 손창기의 시에는 다양한 냄새와 소리의 양상이 나타나며 특히 끈끈한 '점성' 에의 탐구가 눈길을 끈다. 이 '점성' 은 그의 시를 압축하는 핵심 단어로 기능한다. 셋째, 순환과 상응의 아날로지(analogy) 세계를 그려내며 삶과 죽음의 경계가 우주적 시간 안에 무화되는 '영원회귀' 를 지향한다는 점이다. 그의 시에서는 삶과 죽음이 살갑게 이웃하고, 인간과 자연이 조화를 이룬다. 손창기가 제시하는 세계에서 죽음은 우주의 질서로 편입되어 새로운 탄생을 예비하는 과정, 즉 자연과 우주의 일부가 되는 통과의례일 뿐이다.

1. 자연의 몽상가: 동식물의 새로운 상상력과 교감의 시학

미끈한 목질로 헤엄쳐 가는 흰 근육들
본다, 해질녘 격렬히 산란하는 나무를
떼를 지어 몰려와 여남 바다 끝자락에서
전어와 동시에 방사하는 이팝나무를
나무에서 물고기를 찾는 늙은 어부는
어스름 정겹게 핀 꽃차례가 뿌연 정액처럼 보인다
가슴 짜릿해지는 꽃구경이다
배 안에다 물을 채워 둔다
노인이 몸에 가득 채우고 싶은 건
오래전에 피어난 꽃 냄새란다
십 남매도 모자라 늦둥이 줄줄이 낳고 싶은 거란다
전어와 나무, 몸이 잇닿아 있는 동안은 출항이다
힘 다 쏟아내는 분분낙화, 회유하는 때가 온 거란다
노을빛 등지느러미 지닌 전어 떼,
어둠을 잠시 밀어낸다
나무에서 보랏빛 도는 알이 부화한다
태어나는 순간
생生 이전의 냄새를 등에 지고 다닌다

— 「전어 떼」 전문

자연은 너무나도 오래된 원전(原典)이다. 무수히 복제되고 모방되어 이제 더는 새로울 것이 없는 불모나 마찬가지다. 그러나 이는 어디까지나 상투성과 획일화의 세계가 지닌 필연적 한계일 뿐이다. 어느 시인은 "나는 문이 다른 것이 될 때까지 바라본다"(유계영, 「횡단」)고 고백한 바 있는데, 나무가 다른 것이 될 때까지 바라보는 이에게, 물고기가 다른 것이 될 때까지 응시를 멈추지 않는 이에게 자연은 '뜻밖의 정경'을 슬며시 보여준다. 손창기의 눈은 언제나 그 뜻밖의 풍경을 향해 기울어져 있다. 그의 시선은 좀처럼 자연에서 멀어지지 않는다. 그에게 자연은 시의 숨이자 불꽃이다. 자연 대상물은 그의 꿈이며, 호기심과 미지의 세계, 수십억 개의 메타포로 이뤄진 우주다. 자연에 대한 손창기의 천착은 단순한 애호를 뛰어넘어 그는 자연을 통해 양분을 흡수하고, 배설하며 구토한다. 자연과 적나라한 애무를 나누며 관계한다.

자연에 대한 손창기의 탁월한 상상력을 확인할 수 있는 지점이 바로 동식물의 새로운 해석이다. 그는 동물에게서 식물성을 발견하고, 식물에게서 동물성을 찾아낸다. 이러한 작업은 곧 옥타비오 파스가 말한 '치명적 도약'으로 이어진다. 손창기가 '전어 떼'에서 "해질녘 격렬히 산란하는 나무"를 목격하고, '이팝나무'에서 "미끈한 목질로 헤엄쳐 가는 흰 근육"을 감지해내는 순간 동물과 식물이라는 두 이질 존재가 서로의 타자성을 포용하며 본성이 전혀 뜻밖의 것으로 새로워진다. 위 시에서 '전어'와 '이팝나무' 사이의 결코 좁혀질 수 없는 이질성의 간극은 '산란'과 '꽃차례'라는 '흰색'의 공통성질을 통해 좁혀지고, 두 대상은 마침내 "동시에 방사하는" 동일화를 이룬다. 그때 시인은 이 세계와 함께 자기존재가 낯설게 전환되는 경험을 한다. "나무에서 물고기를 찾는 늙은 어부"는 곧 시인의 자화상이다. 시인의 퍼스나인 '노인'은 "뿌연 정액처럼 보이는" "가슴 짜릿해지는 꽃구경"에서부터 번식을 향한 욕망과 생명의 에너지를 획득한다. 노인을 달아오르게 하는 산란의 '꽃 냄새'는 곧 죽음의 예감이 되는데, 이 역설은 죽음을 통해 '생 이전'의 상태로 '회유'하려는 순환의 열망을 나타낸다.

"수탉들이 다리에 칼을 찬다/목을 빼고 볏을 세우는 순간/닭들이 칼집을 벗어 던진다/허공을 향한 난도질, 피가 마구 튄다"(「자목련」)며 수탉들의 격렬한 혈투에서 자목련을 연상해낸 상상력 역시 주목할 만한 것이다. 이 대목에서 손창기는 수탉과 자목련을 "붉은 피를 봐야 자신이 살아 있음을 느끼는" 사냥꾼으로 묘사했는데, 출혈은 심각한 부상의 결과이므로 죽음의 전조가 되는 동시에 강렬한 생명력의 증거가 된다. 이러한 삶과 죽음의 상응 양상은 다음의 시에서도 나타난다.

주물 끼얹은 듯
불타오르는 단풍들
너희는 죽음에 이르는 고빗사위에
가을 호랑이를 빚어내려는가

잘게 썬 빛깔과 짙은 어둠을 우려낸
단풍들이 포효하려는가
익돌근이 만들어 놓은 큰 입처럼

발갛게 타는 노을, 불씨 한줌 넣어 반죽하려는가
몸을 옴나위할 수가 없다
널룽널룽 벗어버린 호랑이 가죽이 땅에
군데군데 늘어져 있다

—「호랑이」 전문

이 시에서도 손창기는 식물에서부터 동물성을 찾아낸

다. "주물 끼얹은 듯/불타오르는 단풍들"이라는 감각적 묘사에서 이미 정지된 식물성에 역동적인 고온과 색채를 입히더니 마침내 '단풍들의 포효'를 통해 '가을 호랑이'를 불러내는 데 성공하고 있다. 동물과 식물의 구분이 무화되는 순간 세계는 상투성과 익숙함을 벗는다. 새로운 방식의 관계 맺기를 통해 오래 묵은 관념과 의미가 쇄신되는 것이다. 관념과 의미의 재편은 구획과 경계를 허무는 것에서부터 출발한다. 이쪽과 저쪽으로 이분화된 것들 사이의 경계를 지워야 비로소 자유로운 교감과 상응이 이루어진다. 경계를 지우려면 경계에 가야 한다는 사실은 아름다운 역설이다. 사실 경계는 '중립'의 장소이기 때문이다. 주체가 나와 너, 삶과 죽음, 빛과 어둠, 동물과 식물 등의 양극 어느 쪽으로도 기울어지지 않은 가운데 지점에 서는 순간 경계는 무화된다. 위의 시에서 화자는 "잘게 썬 빛깔과 짙은 어둠을 우려낸/단풍들"이 있는 숲 속에 있다. 단풍에서부터 호랑이를 발견해낸 상상력은 동물과 식물 사이 경계를 허물어뜨리지만, 손창기의 눈은 보다 깊은 곳을 응시한다. 단풍잎이 붉게 물드는 것은 가을이라는 계절의 현상이므로 이는 중립이 아니라 일방적 질서에 가깝다. 그러나 붉은 빛으로 타오르며 가을을 정열적 낭만으로 장식하는 단풍이 실은 낙엽이 되기 전 쇠잔한 생명을 겨우 유지하는 중이라는 사실을 기억할 필요가 있다. 단풍의 매혹적인 붉은 빛깔 안에는 생명과 죽음이 경계 없이 공존하는 셈이다. 손창기는 단풍에서부터 생명은 생명이나 죽음에 가까운, 그러나 아직 죽음은 아닌 어떤 중립의 세계를 확인한다. 이러한 시선 역시 삶과 죽음을 이분화된 대립쌍이 아니라 상호 유기적 관계로 여기는 '순환의 세계관' 에서부터 비롯된 것이다.

2. 색채의 수집가: 색채와 점성으로 이뤄진 세계

"손가락 끝으로 만져보면 그 느낌이 철과 동의 중간쯤 되지. 손바닥에 올려놓으면 뜨거울 테고, 손으로 쥐어보면 소금기가 아직 남아 있는 물고기처럼 느껴지겠지. 입에 넣으면 입 안이 꽉 찰 테고, 냄새를 맡으면 말 냄새가 나겠지. 꽃의 향기로 치면 붉은 장미보다는 국화 향기와 비슷할 걸세." (오르한 파묵, 『내 이름은 빨강』에서)

위에 인용한 문장은 빨강이라는 색채에 대한 매혹적인 은유이며 잠언이다. 오르한 파묵에 따르면 "색은 눈길의 스침, 귀머거리의 음악, 어둠 속의 한 개 단어"다. 손창기의 시에는 이슬람 세밀화를 소재로 한 파묵의 소설 못지 않게 다채로운 색(色) 이미지들이 펼쳐져 있다. 시인 역시 소설가와 마찬가지로 색이 '어둠 속의 한 개 단어' 임을 잘 알고 있는 것이다. "지상에서 검었던 연기가/허공에선 저렇게 붉은 것을"(「저 연기들」), "손가락에서 뽑아져 나오는 하얀 말"(「혀」), "나무에서 보랏빛 도는 알이 부화한다"(「전어 떼」), "붉은 등대가 흰 등대로 던지는 불꽃도/무당거미가 불 밝히는 거미줄 같다는 생각"(「첫줄」), "어미는 군대 가는 아들에게/목도리를 감아준다/미리 향기를 불러오는 색깔, 파랑이다"(「하닥」)와 같은 색채에의 탐구는 시인이 이 현상세계를 빛과 색으로 감지하고 해석한다는 증거다.

사냥꾼에게 동굴이란 그림사원寺院인지도 몰라
빛과 어둠이 만나는 순간,
바위벽에 손바닥을 대고
하늘의 노을빛을 끌어다가 찍었을 거야

동굴 떠나기 전, 손의 둘레를 그려
그대에게 보여주고 싶었는지 몰라
그대를 만져보고 싶어 손바닥만 남았는지 몰라

4만 년 전, 마로스 동굴은
바위벽이 편지였는지도 몰라
노을과 어스름이 만나는 순간, 파랑이 몰려올 때
박쥐가 동굴을 떠나 이 소식 전했을 거야

새벽녘 박쥐가 돌아올 때, 사냥꾼은
세상 밖으로 나아갔을 거야, 여전히 손바닥은
빨강색의 윤곽 안에 있으니,
전하고 싶은 말들 가두고 있었을 거야

누구든 기다리고 있을지 몰라
빨강 뒤에 오는 파랑을,
그대가 내 손바닥에 포개질 때
말들과 온기가 고스란히 합쳐지듯

—「빨강 뒤에 오는 파랑」 전문

손창기는 빛과 색을 통해 이 세계의 사물과 현상을 파악한다. 육안으로 보이는 대상만 파악하는 것이 아니라 빛과 색 안에 비가시적으로 존재하는 무형의 세계까지 가늠한다. 먼 과거의 시간이라든가 인류 보편의 정서인 그리움이라든가 하는 것들이 그러하다. 감각의 촉수가 예민하지 않으면 불가능한 일이다. 시인은 "소 콧등을 만지면 /웃음과 울음의 색깔이 만져지"(「콧등」)는 사람이다. 범인(凡人)들은 무지개에서 빨주노초파남보 일곱 색깔만을 확인할 뿐이지만 시인은 다르다. '일곱 색깔 무지개'라는 상투적 인식을 거부하고, 무지개가 무수한 빛의 파장으로 이루어진 스펙트럼임을 기어코 확인한다. 24색의 단조로운 팔레트를 던져버리고 아직 색상표에 기재되거나 명명된 바조차 없는 온갖 조흔색과 총천연색, 중간색조들에 주목한다. 손창기에게 색채는 곧 감각이다. 그는 익숙한 감각, 학습된 감각을 벗고 늘 새로운 감각을 추구한다. "아무것도 감각되지 않았다면, 아무것도 배우거나 이해할 수 없다"던 아리스토텔레스의 주장을 떠올리면, 감각은 사유와 밀접하게 연결되며, 새롭고 낯선 감각은 곧 정신의 쇄신으로 이어지는 법이다.

표제작이기도 한 위 시에서 화자는 "4만 년 전 마로스 동굴"을 상상하며 '빨강'과 '파랑'이라는 두 색채에 대해 고찰하고 있다. 인도네시아의 마로스 동굴에서는 4만 년 전 인간이 동굴 벽에 찍어 새긴 손바닥 벽화가 발견되었는데, 시인은 그것을 당시 동굴 속에 살던 '호모 사피엔스 사피엔스'가 "하늘의 노을빛을 끌어다가 찍"은 '편지'로

보았다. 편지의 수신자는 '그대' 라고 호명된 불특정 대상이다. 손바닥 벽화는 '뜨거운 체온과 '말들의 온기' 를 담은 '빨강' 색을 띈 채 '어스름' 의 색인 파랑을 기다린다. 이때 빨강과 파랑의 어우러짐은 단순한 색채의 혼합을 넘어 지금과 나중이라는 두 시간성, 삶과 죽음이라는 실존과 부재 양상, 양과 음이라는 두 물질성 등 서로 닿을 수 없거나 대립하는 세계의 화해로까지 확장된다. 빨강을 '생' 의 색채로, 파랑을 '죽음' 의 색채로 상정할 경우 "빨강 뒤에 오는 파랑" 이 "손바닥에 포개져" "고스란히 합쳐지" 는 순간은 죽음을 통해 한 존재가 '나' 라는 개인이 아닌 '인류' 라는 유구한 시간에 편입되는 사건이 된다. 개인이 아닌 인류로서 소멸과 신생을 반복하는 것이 곧 우주의 순환에 참여하는 일이라고, 시인은 말하고 있는 것이다.

색채를 시의 주요한 재료로 다뤄온 시인들은 무수히 많다. 그러나 손창기의 색채에는 그들과 구별되는 지점이 있다. 바로 '점성' 이다. 손창기가 부려놓는 색채 이미지들에서는 끈적끈적한 점성이 만져진다. 손창기의 시에서 색채가 감각적 이미지와 수사에 해당한다면, 점성은 세계와 깊은 '관계 맺기' 의 산물이며, 페이소스 내지는 감동, 즉 '진정성' 이라고 할 수 있을 것이다.

시집에는 “소와 사내 사이를 가로막는 격막膈膜은 없다/그 사이, 홍건한 점액질이 흘러내릴 뿐”(「콧등」), “사랑한다는 건/벌새처럼 거미줄을 훔치는 것/점액질 그물에 걸려드는지도 모른 채/그리움의 한 줄을 찾으러 가는 것”(「사랑」), “죽음 불러들이는 애무를 함부로 해서는/안 되겠다”(「밤비 신드롬」), “수컷이 옆집 마누라에게 마음껏 정자를 뿌린다”(「청갈 바람 불기 전에」), “나의 얼굴은 독이 고여있는 샘”(「중독」) 등 끈끈한 점액질에 대한 묘사가 여럿 나타난다. 시인 스스로도 자신의 시가 “근거리에서 보면 끈끈한 점성”(「첫줄」)을 지녔다고 고백하는 바, 손창기의 시를 ‘점성의 시’라고 부르는 것은 꽤나 자연스럽다. 점액질과 점성에의 유난한 관심은 시인이 대상과의 깊은 교감을 통해 시를 빚어낸다는 방증이다. 그는 세계의 온갖 사물과 풍경, 현상들과 성관계를 맺듯 ‘애무’를 하고 “정자를 뿌리”며 “독을 품”는다. 대상과의 교감이 완성되는 순간 성적 결합이 그러하듯 “홍건한 점액질이 흘러내”리고, 이때 나와 너, 나와 세계, 주체와 타자 사이를 “가로막는 격막은 없”어지게 된다.

또 다른 측면에서 관찰하면 ‘점성’이 페이소스와 감동으로 이뤄져 있음을 알 수 있다. 손창기의 시에서 점액질을 지닌 대상들은 대개 ‘개복치’, ‘꽃게’, ‘숭어’ 등 어판

장의 보잘 것 없는 해산물 또는 '족발', '밥알', '고사용 돼지머리' 등 핍진한 삶을 견디는 이들의 음식 같은 것들이다. 눈물, 땀, 피 같은 점액이 주로 흘러드는 낮고 어두운 생의 자리에는 "먼저 간 아들의 죽음"(「하얀 괄호」)이 있고, "바보끼리 보는 눈동자"(「개복치」)가 있고, "여전히 고달프고 쓸쓸한" 그녀의 숨구멍에 "둥글게 모여드는 울음"(「얼음이 운다」)이 있다. 끈적끈적한 점성은 그 모든 비극적 풍경들을 끌어안아 위로한다. 시를 읽는 독자의 눈길이 쉬이 떨어지지 않도록 끈끈하게 붙잡는다. 단 한번 읽어도, 손창기의 시는 기억에 오래 접착된다.

3. 영원을 꿈꾸는 로맨티스트

옥타비오 파스는 『활과 리라』에서 "우리 자신이 무이기 때문에 우리는 우리 자신에 대해서, 세계에 대해서 아무것도 말할 수 없다. 그러나 만일 우리가 무에 이름을 붙인다면 실제로 우리가 그렇게 하는 것처럼 무는 존재의 빛으로 반짝일 것이다. 존재는 무의 전제 조건이기 때문에, 그리고 죽음은 삶으로부터 태어나기 때문에, 우리는 무에 이름을 붙일 수 있으며 죽음과 삶을 재통합할 수 있다"고

말했다. 인간은 현존하는 부재, 부재하는 현존으로서 '무(無)' 야말로 우리 존재의 본질이며, 그 본질은 '빛' 으로 이뤄져 있다는 것이다. 일정한 리듬으로 나아가는 빛은 우리를 어디론가 데리고 간다. 끊임없이 우리 앞에 놓이는 오늘을 지나 마지막 오늘인 죽음에까지 우리를 데리고 간다. 그렇게 한시도 머무르지 않고 나아가는 것이 빛이고, 빛은 곧 시간이다.

로버트 란자가 주장한 바이오센트리즘에 따르면, 사람이 육체적 죽음을 맞이한 후에도 두뇌에는 20와트의 에너지가 남게 되는데, 그 에너지가 다른 우주로 이동할 수 있다고 한다. 아인슈타인이 친구의 부고를 듣고는 "나보다 조금 앞서 이 이상한 세계에서 떠났다"고 말한 것도 같은 맥락이다. 이러한 관점에서 보면, "죽음은 삶으로부터 태어난다"는 파스의 잠언은 빛(시간)으로 이뤄진 인간의 삶이 종료되는 순간 '죽음' 이라고 명명된 낯선 차원의 문이 열린다는 의미로 해석할 수 있다. 앞에 인용한 시들에서도 나타나듯이 손창기의 시집에서 죽음은 존재의 완전한 소멸이나 끝이 아닌 새로운 차원으로의 이동 과정, 영원성으로의 통과의례로 상정된다. 그때 삶과 죽음은 서로 순환하며 인간 존재를 우주의 일부가 되게 한다.

남도의 작은 섬에는
영원을 싣고 멈춘 자전거가 있다

섬을 중심에 두고 공전하다가
스스로 궁굴어 가는
뼈 같고 가죽 같고 이빨 같은 것이
썩지 않고 뒹구는, 낯익은 족속들

바퀴살에는 이슬이 스며있는 것 같고
공차는 아이들의 함성소리가 굴러가는 것 같고
말라가는 다시마와 돌미역의 짠내도 묻어있는 것 같고
회유하는 늙은 숭어의 비늘 하나쯤 감겨들었을 것 같고

—「자전거」 부분

'자전거' 가 '영원' 을 실을 수 있는 것은 그가 "멈췄" 기 때문이다. '죽음' 은 완벽한 멈춤이며, 그 멈춤의 상태에서 존재는 비로소 현실원칙의 모든 구속으로부터 자유로워진다. 그 어떤 인정투쟁도, 타인이라는 지옥도, 실존적 한계도 존재를 간섭할 수 없다. "영원을 싣고 멈춘 자전거" 의 "바퀴살에는 이슬이 스며있" 고, "공차는 아이들의 함성소리가 굴러가" 고, "다시마와 돌미역의 짠내도 묻어

있"고, "회유하는 늙은 숭어의 비늘 하나쯤 감겨들었"다. 이것들의 다른 이름이 바로 '영원'이다. 이것들은 모두 사라지지 않고 무한히 반복될 추억이다. "나에게 놋주발보다도 더 쨍쨍 울리는 추억이 있는 한 인간은 영원하고 사랑도 그렇다"(김수영, 「거대한 뿌리」)는 아름다운 진실을, 죽음은 삶의 끝이 아니라 영원의 시작이라는 사실을 남도의 작은 섬, '멈춘 자전거'가 우리에게 귀띔해준다.

구름 한 뭉치를 어머니는 절구통에 넣었다. 절구질에 구름이 가끔 튀어 오르기도 했다. 시간이 갈수록 구름은 곱게 빻아져, 자기끼리 뭉치고 헤어지곤 했다. 흙담을 드나드는 안개처럼 몸속에서 물기가 맴돌았다. 잘 빻아진 구름은 햇살과 함께 어머니의 물기를 빨아들였나. 구름이 허파를 점점 조여들게 하더니 어머니를 삼켰다. 부지깽이 두드리며 장작불을 지피자 굴뚝이 연기를 마구 뿜어냈다. 연기 품은 구름이 점점 부풀어 올라 어머니를 내놓았다. 깨를 볶듯 마당에서 물방울이 춤을 추었다. 몸속에 물기 맺힌 어머니가 식솔들에게 슬픔의 구간을 줄였다.

—「구름의 구간」 전문

어머니가 절구통에 넣어 빻는 것은 쌀이나 밀 같은 곡

식이 아닌 '구름' 이다. 구름은 세월의 메타포다. 자식들을 먹여 키우는 동안 어머니는 세월을, 세월과 자기 자신을 함께 절구질로 빻는 희생을 감수했다. 처음에는 미약했던 구름이지만 갈수록 힘이 세져 마침내 "어머니의 물기를 빨아들"이고, "허파를 점점 조여들게 하더니 어머니를 삼켰"다. 모든 인간은 구름 너머로 사라져 간다. 구름이 어머니를 삼킨 것은 곧 어머니의 죽음을 뜻한다. 그러나 이 죽음은 완전한 이별이 아니다. 위 시의 화자는 "연기 품은 구름이 점점 부풀어 올라 어머니를 내놓"는 특별한 순간을 만나게 된다. "깨를 볶듯 마당에서 물방울이 춤을 추"는 시원한 소나기로 어머니가 이 땅에 다시 오신 것이다.

위 시는 우주 자연의 질서인 순환 법칙을 불교적 윤회론에 담아낸 수작이다. '어머니' 는 인간의 몸이었다가 구름이 되어 세상을 떠나고, 다시 빗방울이 되어 세상으로 돌아온다. 이 '환생' 의 과정에는 죽음이 반드시 선행되는데, 이때 죽음은 존재의 소멸이나 현상세계의 끝이 아닌 새로운 탄생을 예비하는 윤회의 전단계이다. "몸속에 물기 맺힌 어머니가 식솔들에게 슬픔의 구간을 줄였다"는 화자의 진술에는 죽음을 포괄한 삶 전체를 아름다운 것으로 여기는 태도, 우주 자연의 질서가 내면화된 성숙한 세계 인식이 있다. '빗방울' 로 내리는 어머니가 식솔들에게 가르침을 준 것이다.

"장독들은 죽음을 이겨낸 가족묘처럼/천 년 뒤에 발굴될 것이다"(「장독의 귀를 만져본다」)라든가 "돌멩이 사이에 알을 낳은 연어는/죽어서도 아름다운 퇴행을 한다/제 살 찢어발기며 나무로 가는 마지막 길,/어미는 죽어서 나뭇가지가 된다"(「켈트」)와 같은 빛나는 문장들을 통해 손창기는 이 땅에서의 주어진 삶을 최선을 다해 살고, 죽음의 외적 현상일 뿐인 부재와 소멸에 겁먹지 않는 의연함에 대해 노래한다. 그 의연함이 내면화될 때 존재는 비로소 "나는 바랬다/누군가 고소한 죽음의 냄새를 맡아주길"이라고 고백할 수 있는 '고독의 면역력' 과 '슬픔의 면역력' (「이맘때 나는」)을 갖게 된다.

4. 다시, 시를 향하여

잠깐 짚고 넘어가야 할 것이 있다. 자연을 다룬다고 해서 손창기의 시가 구투이거나 낡은 관습에 매여 있다고 생각하는 것은 큰 오해라는 점이다. 특히 3부의 시들은 세련되고 모던한 감각으로 서정시의 새로운 작법을 보여주고 있다. "자살본능은 흘려버린 추억을 담는 것, 잃어버린 길에서 선율을 찾아보는 것, 마지막 울음소리로 달에 숨구멍을 내는 것, 늑대는 달밤을 이빨에 끼우고 들판을 내질렀다 얼굴에 드리운 죽음은 뼈 없는 달밤에 가한 혁명, 암호의 해독기"(「단백질14-3-3」)와 같은 문장은 어떠한가? 손창기는 이미 독자적인 미적 세계를 이루었다. 그러나 그는 거기 머무르지 않고 또 다시 척박한 시의 벼랑으로 나아간다.

누구에게나 그렇듯 손창기의 시간도 크로노스와 카이로스로 나뉜다. 학교에서 학생들을 가르치고, 가장으로서 가정을 꾸리는 일상의 시간이 그의 크로노스일 것이다. 크로노스는 수평의 시간, 항상성으로 유지되는 선(線)의 시간이다. 그러나 그 평범하고 단조로운 크로노스 속에서 손창기는 늘 벼락처럼 내리꽂히는 섬광의 시를 기다린다. 그 점(點)의 시간, 수직의 순간을 향해 스스로를 끊임없이 극지로 내몰아 간다. 시가 오는 찰나의 번뜩거림만이 오직 그의 삶에 유의미한 점을 찍는다. 오직 그에게만 아름답고 그에게만 관대하며 또 그에게만 폭력적인 그 시간은 중심이 아닌 변방에, 광장이 아닌 첨탑에 있다.

손창기의 시를 떠받치는 힘은 시인으로서의 자의식과 그 자의식이 지향하는 정신성이다. 그는 더없이 순정한 시인이다. 시와 언어, 예술의 가능성을 충직하게 신뢰한다. 손창기는 중심과 주류로부터 스스로를 유배시켜 변방의 외로움을 견딜 때 비로소 시인이라는 존재가 완성된다고 믿는다. 그의 시에는 닿을 수 없는 높이를 향해 오르려는 무모한 영혼, 척박한 골짜기에 자기 자신을 유폐시킨 고독한 영혼이 있다. 고귀한 것은 함부로 닿을 수 없는 높이에 있는 법이다. 이제 우리는 손창기의 시가 지향하는 활달한 상상력과 색채의 세계, 삶과 죽음이 무화되어 영원 속에서 순환하는 아날로지의 우주를 향해 눈을 돌려야 할 때다.

애 지 시 선

002	붉디 붉은 호랑이	장석주 시집
003	붉은 사하라	김수우 시집
004	자전거 도둑	신현정 시집
005	정비공장 장미꽃	엄재국 시집
006	기차를 놓치다	손세실리아 시집
007	바람의 목례	김수열 시집
008	그리운 연어	박이화 시집
009	뜨거운 발	함순례 시집
010	정오의 순례	이기철 시집
011	그 남자의 손	정낙추 시집
012	즐거운 세탁	박영희 시집
013	구룡포로 간다	권선희 시집
014	좋은 날에 우는 사람	조재도 시집
015	여수의 잠	김열 시집
016	축제	김해자 시집
017	뜻밖에	박제영 시집
018	꽃들이 딸꾹	신정민 시집
019	안개부족	박미라 시집
020	아배 생각	안상학 시집
021	검은 꽃밭	윤은경 시집
022	숲에 들다	박두규 시집
023	물가죽 북	문신 시집
024	마늘 촛불	복효근 시집
025	어처구니 사랑	조동례 시집
026	소주 한 잔	차승호 시집
027	기찬 날	표성배 시집
028	물집	정군칠 시집
029	간절한 문장	서영식 시집
030	고장 난 아침	박남희 시집
031	하루만 더	고증식 시집
032	몸꽃	이종암 시집
033	허공에 지은 집	권정우 시집
034	수작	김나영 시집
035	나는 열 개의 눈동자를 가졌다	손병걸 시집
036	별을 의심하다	오인태 시집
037	생강 발가락	권덕하 시집
038	피의 고현학	이민호 시집
039	사람의 무늬	박일만 시집
040	기울어짐에 대하여	문숙 시집
041	노끈	이성목 시집
042	지독한 초록	권자미 시집
043	비데의 꿈은 분수다	정덕재 시집